SV

Uwe Kolbe

Die Farben des Wassers

Gedichte

Suhrkamp Verlag

Erste Auflage 2001
© Suhrkamp Verlag Frankfurt am Main 2001
Alle Rechte vorbehalten
Satz: Hümmer GmbH, Waldbüttelbrunn
Druck: Nomos Verlagsgesellschaft, Baden-Baden
Printed in Germany

Die Farben des Wassers

Doch immer behalten die Quellen das Wort,
Es singen die Wasser im Schlafe noch fort
vom Tage,
Vom heute gewesenen Tage.

Eduard Mörike, Um Mitternacht

Für Clemens Eich

Wir gehören alle wo hin.

Wir fragen alle nicht weiter.

Wir wandern nicht aus noch ein.

Es ist ein fremdes Gedicht,

in dem dieser Kalauer steht.

Wir flüchten, meist vor uns selbst.

Es ist Krieg, und wir sehen es.

Was alles neu ist. Verkommenes Wort,

neu gehört lange ersetzt.

Entsetzlich ist, wie wenig

wir aufheben können.

Im Grunde genommen

gehören wir alle auf die Bäume.

Drunten die Wurzeln. Wir selbst

sind Parasiten hier oben,

Seltenblüter. Dem einen Kolchis

dem anderen Vineta.

Das ist einmal Nähe, Osten,

Weite genug.

Nur Zeit, die nicht heilt.

Die Kaffeetassen, gut warm,

zu dem langsamen Frühstück.

Forever young.

Engelstraße 19. April 1999

Wo gehe ich hin

Ich gehe an den Bach. Ich gehe dünn bekleidet
in einem schwachen Regen, und hinter mir die Katz.
Der Bach ist voller als gestern, April, wie das schwankt.
Im Fernsehen ist Krieg, das hatten wir schon.
Dennoch vermeid ich zu rauchen im Haus, das Nachbarn
zu hüten mir aufgegeben. Im Wasser stehen die Sätze,
im Flusse des rauschenden Bachs dieses klare Gedicht.
Die Vorschriften unseres Clubs lassen es ungeschrieben.

Wessen bedarf es dann? Aber nur Gestrige sind wir,
mit entatmetem Wort aus dem letzten Krieg heimgekehrt,
und machen das Maul auf aufs neue (Prost!),
das gewetzte, verwichste, das orkusorale Maul.
Du Fremdwort in meinem Gesicht, du Vorschrift Schweigen,
das hatten wir schon, du Widerlippe vorm Prowort.
Anstrengend, verstehen zu wollen. Aber das einzig Sinnvolle
hin und her wie in der Wiederliebe.

Engelstraße 20. April 1999

Aufgewickelter Zustand

Die Nase spitz,

und der Geschmackssinn

näher beim Verstand.

Die Ohren unerwartet lang,

halb abgewandt

noch Ehrgeiz zu entwickeln.

Das Schneckenhaus

als die stabile Form

erkannt.

Brunnenstraße 20. Juni 1999

Der alten Stadt Aber

Ich weiß, wo du dieses Wort her hast.

Ich kenne die Halde südlich der Stadt.

Stinkt nicht. Gutes Wort.

Führt ein Stück weit hinter das Dunkel

und wäre auch aus dem Wasser zu ziehen.

Hättest du nur mehr Geduld gebraucht.

Allerdings sind an dem Wasser zu viele Leute.

Was die da wollen. Nichts mit den Worten.

Die dösen, die knutschen immerhin.

Die kennen einen, der hat einen Hund.

Keiner gibt einer die Hand,

sehen die nicht, lehnen sie ab,

vergessen es vorsätzlich. Nur unsere Halde,

da dreht sich noch was, da ist noch Fernsicht.

Einmal sogar die Alpen geahnt.

Washed to the Sea. Ein größeres Denken,

gute Partie. Gibst du mir ab von dem Aber?

Das A.

Brunnenstraße 22. Juni 1999

Stil

Stil, dachte der Freund, saubere Sache, die Freundin.

Fein, lachte ich still, staunte dann aber, der Neuling.

Alle Personen bewegten sich über die Richtung hinaus.

Stolze Visionen erregten mich, die sind beim Dichten ein Graus.

Wem die Kolumne gilt? Der führt Hirsche im Schild,

jener den Leu somnambul, beide deutsch und ach! keusch.

Abende wie einen solchen teile ich gerne mit:

Still lachte der Leu, faulte dann aber abscheulich.

Stil, dachte der Freund, saubere Sache, die Freundin.

Holzmarkt 29. Juli 1999

Der Hochsitz

Er steht nach hinten rechts

auf einem langen Bein.

Links stützt er seinen Arm

auf einen Weidenast.

Vorn halten lange Nägel

an Pfosten sieben Sprossen fest.

Auf deren letzter oben

zwei Füße in Sandalen.

Böhlen, Thüringen, 6. August 1999

Advocatus diaboli

Dagegen zu sprechen, die Höhe

herunterzuholen, Konstrukte

zu stutzen, den Infinitiv ab-

zuschließen, die Sätze zu unter-

graben ... Holterdivoltaire.

Dagegen sprechen wollt er,

ungebrochen, heitrer, bunter,

Nur weil der Dichtertrieb, fast ab-

gestorben, ihn noch juckte,

wie Katzen die Kacke der Flöhe.

Brunnenstraße 25. August 1999

Alter Botanischer Garten

Jäh jagender Weg, und durch den Park

Sog solch einer Tunnelwölbung,

ächzend an Leere und Feuchte,

dunkel das Grün, eine eigene Dimension.

Ha haste nicht gesehen, das Wort weich,

stark stammelnd, fremdester Wust

und unfreigewildert in Grünwart.

Nach nah steigenden Drachen zu urteilen,

ist es inzwischen Oktober geworden.

Daß das alles nur Augenwissen ist,

kommt komischerweise nicht durch

hin zum Hirn. – Da geht die Post ab,

lästert Lenné in Muskaus Mienenspiel,

so südlich inkognito.

Brunnenstraße 4. Oktober 1999

Am Blautopf einmal

Das straff gespannte Tuch der Lau,
ich sah es und träumte sofort.
Wie immer standen viele herum,
Henker des Sehens,
Hindrer des Ahnens, nette Leute,
denen der Erpel gefiel auf dem Blau,
weil die Farbe gut paßte.

Die Henker ließen die Tiefe nicht gelten,
der Arm, alabastern, ragte nicht,
sie wurden nicht angezogen, ihnen
verschlug nicht den Atem, was war
und was geschähe. Der Enterich
wird mir nur recht sein,
wenn sie mich wieder entläßt.

Brunnenstraße 15. Oktober 1999

Doppelgänger

Du gehst mit Vorsatz den anderen Weg,
hier fällt auf den Bach kein Licht,
nur vor deinen Füßen geht Sonne mit.
Du trittst in das Haus aus Farbe und Licht
wie durch das Portal (Amsterdam, Reichsmuseum)
und biegst deinen Weg, die Achse der Tageseile.
Da ausgerechnet kommt einer gegangen,
auch abseits, wie schlendernd, er schaut
links von sich, ab von dem Weg, der Träumer,
und eiert im Gehen wie du. Spieglein,
ich schätze dein Schweigen.

Alter Botanischer Garten 18. Oktober 1999

Beim Zeitunglesen

Lang ist es her, daß ich genauer hinschaute,

es muß auf Wasser gewesen sein, ein langer Blick

auf das Wasser der Havel und Elbe und Oder.

Paar Quais und paar rostige Leiber von Schiffen.

Wenn ich beschriebe, den Rost. Flüchtig seitdem

ist der Blick. Worauf er aus ist, ergibt sich:

Majestät des sibirischen Models, umseitig Schlittenhunde,

aus Zufall Unendliches unter dem heutigen Datum

vereint in der Tageszeitung, Botschaft,

wie ich mir selbst Bilder schreibe,

Postille in Flaschen, Empfänger im Schlick.

All was ich nehme, ist hastig genommen, wie hungrig,

obwohl es nicht hungrig sein kann.

Wir schreiben Zentraleuropa, schreiben das Land

Satt, wie es heißen sollte. Woher meine Hast?

Zuviel mag das Kind gesehen haben und tief

aus dem Gurgeln gehört, aus dem Trüben gewußt,

in wenigen Stunden, in Augenblicken das Darum.

Hier, das ist seltsam, blitzt es noch einmal auf,

in ein paar Bächen, in Strudeln an Wehren

und Blicken, die sich auf Brücken zu treffen vermeiden,

in Augen – die Inhaberinnen wissen es besser –,

im Licht einer zweiten Chance, die verstreicht.

Holzmarkt 20. Oktober 1999

Wenn nun die Welt

für Dietrich Uffhausen

Wenn nun die Welt nicht

ausschaut wie oben der Himmel,

das Blau und die Baustellen

rings, unsere Sicht statt ein Spiegel

nur Brecheisen des Überlebens ist,

wenn nun die – wer? – ausschaut

wie in den Splittern des Baches,

dem eilenden, zerrenden Abbild,

dem schwanken, vielfältigen Bilde

– wovon? –, wir nicht zu sehen

gekommen, trieben nur unten,

bestellt zu dem Mittler, der abgeholt

nicht furchtsam, nur blind ist,

wer wären wir wirklich hier – wo?

Brunnenstraße 26. Oktober 1999

Für Gesualdo Bufalino und seinen
Übersetzer Wolfgang Schlenker

Nein, nein, nein.

Die Sizilianer sind ausgestorben.

Die Dagebliebenen,

die Nachtragenden,

die in den Fenstern Liegenden.

Das Kleid weht,

der Einzigen, draußen.

Die melancholischen Mütter,

die sehr alten Voyeure

sind ausgestorben,

die Landschaft ist es

mit ihren trotzdem eigenen Farben.

Nein, nein, nein.

Der Dagebliebenen Litanei.

Die Apotheke macht Inventur.

Der Schmutz an der Tür

für einen noch konserviert, der

vorübergeht, und das Glöckchen.

Holzmarkt 11. Januar 2000

Kurzer Traktat darüber, worauf ich aus war

Ich war auf das Eine aus, von dem ich nicht wußte.

Ich war auf das Andere aus, nachdem ich Eins kannte.

Ich war auf das Nächste aus nach dem Anderen,

obwohl ich auf gar nichts Bestimmtes aus war.

Ich war inzwischen versessen nur auf mich selbst.

Wir haben es einmal nicht getan.

Wir haben uns einmal den Schnupfen geholt

und sonst gar nichts.

Wir haben einmal so getan, als ob.

Wir haben einander beobachtet.

Einmal haben wir uns, noch einmal, wiedergesehn.

Du weißt, was ich meine, und, daß es hier klar wird.

Du gingst auf die Knie, wenn du mich liebtest.

Du bist mir sehr nahe, doch nicht nah genug.

Du zeigst mir nicht, was ich zu sehen begehre.

Du hättest jedoch, wenn ich dann, was.

Sie tat es zuerst mit den Augen,

vielleicht aber auch mit den Farben,

sie, sag ichs intim, in Rosa und Schwarz,

sie, und das hätte ich nicht gedacht von mir.

Sie tat es, obwohl ich eigentlich nicht konnte

                    vor Begeisterung.

Ihr habt mir die längsten Filme gezeigt.

Ihr wart alle um mich herum in dem Raumschiff,

ganz dicht, und ich konnte euch alle,

ihr wart gut zu sehen, nein spüren.

Ihr wart zusammengesetzt, erinnert ihr mich,

aus Gemälden deutscher Sammlungen.

Sie kamen aus dem Osten.

Sie kamen im Westen nicht vor.

Sie waren, wenn westlich, doch östlich.

Sie sprachen nicht über Beziehungen,

sie zogen, wir zogen herein und heraus,

                    und sie lachten.

Es wird einmal eine Tortur sein,

und es geht auch wieder ganz leicht,

aber wenn es so leicht geht, oft auch zu schnell.

Er kommt nicht (es kommt einem oft

        zu lächerlich) vor.

Wenn Kultur Sublimierung ist, will ich doch lieber

        wieder raus auf es.

Holzmarkt 8. März 2000

Jetzt könnte langsam werden

Aus diesem Schlurfen und Schürfen

im Weinberg, Plinkern und Steineaufschlagen,

aus diesem Bröseln und Fallen

könnte jetzt langsam werden,

was hier innen ist.

Bergelmühle 22. März 2000

Zu wissen

Zu wissen, wer ich eigentlich war,

dachte im Torkeln der Mann,

der sich einen Ritter wähnte

im Drehen der Arme, im Auftritt,

im Schwellen der Halsschlagader,

mit Wangenglühn und Windgriff ins Haar.

Wer war ich eigentlich,

bevor ich vom Pferd herabstieg

und mich schämte.

Bergelmühle 24. März 2000

Die Frühjahrssturm-Terzinen

Du kommst beinah nicht aus dem Haus hinaus.

Obwohl es nur des Winters letztes Bäumen,

legt er noch alle Kraft in das Gebraus.

Auf deinem Weg hinaus wirst du versäumen,

die Laute einzufangen, die hier innen

anrennen wie die Flut aus deinen Träumen.

Sie sind die Bastarde der Lispelstimmen

aus dem nicht aufzufüllenden Höllenloch,

die heut schon deinen wachen Tag bestimmen.

Da stürzt du hin und nennst es Gehen noch.

Bergelmühle 30. März 2000

Es ist feige

Es ist feige, feige, feige,
es ist stumpf und stumpf und stumpf.
Nicht aufgestanden bin ich, sitze
in den Zeilen wie aus Schnee,
vor den Seilen einer Gangway,
seitwärts, stumpf und stumpf so,
nicht die Schere, dieses Band
durchzuschneiden vorderhand,
nicht bereit, danach zu sehen,
feige, feige wie aus Butter,
feiger als der Luther damals.
Mutig ist das Kind vielleicht,
allerdings noch nicht ganz fertig
sitzt es unten in dem Bade, mutig
sind die Dichter als Kopisten,
füllen Laden, füllen Kisten
mit dem ewig neuen Weh.

Bergelmühle 7. April 2000

Februar, Abend

Gegen die Sonne der Riß im Dunst,

mit der Sonne spitz ragende Giebel.

Im Park aufblitzendes Blechzeug.

Der Bach wölbt seine Milch im Strömen.

Die Staffel der großen Gebäude bergan.

Noch der Durchblick,

bevor das lebendige Grün ihn uns nimmt.

Brunnenstraße 11. April 2000

Bei einer Wegerichblüte

Ich werd mein Gedächtnis verlieren,

das ist vor allem gewiß. Warum

soll ich anders werden als wir allesamt?

Es ist, schon bedarf ich der schönsten

der Bilder, der Blüten der Bäume im Tal,

der Blumen und ihrer wuchernden Namen,

die alle zu sagen Gebet ist.

So alt bin ich, sieh an, geworden.

Nichts daran ist überraschend,

mag sein, diese einfache Aussicht

auf das, was geworden ist, doch.

Der Stein lag im strömenden Wasser.

Bergelmühle 11. April 2000

Womit ich befaßt bin

Mit diesem bescheidenen Untergang.
Mit einem Schwarm von Staren,
bevor sie den Kran verlassen,
der dann wieder rot sein wird.
Befaßt bin ich mit dem Vorher,
mit immer Davor, nie dem Danach.
Nach Untergang nur Zarathustra
– persönlich gewaltiger Gang.
Worin ich fürbaß geh,
das Land ist lange verfaßt,
sein Wortschatz bedingt
mit Sägen und Schrauben,
Geräuschen des Heimwerks,
mit Pause vielleicht und Bier.
Bescheidener Untergang.
Die Stare starten die Show,
schwarzweiß, doch heftig 3 D.
Du könntest es schöner hören,
komm näher an meinen Mund.
Dort schwebte das Land Orplid.

Komm staunen und sterben,

begeistere dich.

Bergelmühle 13. April 2000

Dann

Wenn du nicht fragtest,

könnte ich neben dir gehen,

– wir hätten keine begonnen –

dir diese Geschichte erzählen,

und du könntest schweigen.

Sehr vieles wäre bekannt.

Wir würden gemeinsam

ein Stück weit nichts sagen

und einer den andern

– die Linie Gesicht,

die Fläche des Fußabdrucks,

die Farbe der Hosen

und erst am Ende des Weges

den Augenblick – wahrnehmen,

wenn keiner mehr zagte.

Bergelmühle 15. April 2000

Alle der Farben

Alle der Farben

in einer Staffel des Abends,

in einem Seufzen des Lichts.

Abschied und Ziehn der Gewichte.

Es knarzen die Bretter der Welt,

auf denen die Götter, die Chargen,

grandios uns erscheinen. Ich will,

wir lassen nicht davon ab

und richten die eignen Spektakel

nur danach, und nicht zu früh.

Bergelmühle 17. April 2000

Das Wasser, an dem wir wohnen

für Peter Waterhouse

Wir rappeln uns auf
und spucken das modrige Wasser
aus jungem Mund
und husten das kratzende Naß
aus unverdorbenem Halse.
Die Augen sehen noch nicht
und suchen den Helfer schon,
der oben über uns steht
auf niedrigem trockenen Steg.
Und gleich wird sein Arm da sein,
uns Halt bieten, hieven.
Noch hindert sein Lachen ihn,
noch lacht er zu laut,
um helfen zu können.
Gleich stehen wir wieder neben ihm
wie die begossenen Pudel.

Bergelmühle 19. April 2000

Drei Falken

Drei Falken, flach über dem Haus im Wind,

ihr hoher Ton und ihre Kunst.

Die Wacholderdrossel vor meinem Fenster

ist unsichtbar in ihrem Nest.

Ich atme den scharfen Tabakrauch aus,

und er schlägt zurück in das Zimmer.

Unten im Tal geht die Mutter den Weg,

und der winzige Sohn geht voran.

Bergelmühle 20. April 2000

Gethsemane

Ein Frühlingstag, Himmel und Sonne klar.

Zum Abend Einkehr wie gewohnt.

Die Amsel singt fremder vielleicht.

Spät trittst du noch einmal hinaus,

stumm in die Lichter der Menschen.

Wie viele noch gehen in ihren Waffen,

wie wenig Gehör, du ebenso.

Und über den Tankstellen,

wo sich das Leben begibt,

rot geht ein Mond herauf,

der nicht mehr ganz vollständig ist.

Bergelmühle, Gründonnerstag, 20. April 2000

Der Transistor

Von dem Gerüst an dem kleinen hundertjährigen Haus

schallt ein Song herüber aus einem Siebzigerjahr

des letzten Jahrhunderts (Zeitgefühlsgänsehaut).

Das Transistorradio ist so weit aufgedreht,

daß es scheppert. Frau Highsmith überliefert

Cliffies Plattenspieler, auf dem lag immer *Hey Jude*.

Ich höre im Weitergehen den RFT-Smaragd,

fühl das Gewicht seines Holzgehäuses.

Vierhundertachtzig Mark waren wirklich viel Geld

in der DDR, auch in den Siebzigerjahren.

Ein tolles Geschenk. Und ich ging allein hinaus

in die leeren und dunklen Straßen der Stadt,

hell über mir das Firmament der Hitparaden.

Brunnenstraße 5. Mai 2000

Anders variiert

Ich schaue weg, sagte er und hielt inne,
ging über den Platz und an dem Kanal, unter der Brücke
sehr langsam, und wich einer aus und hielt an
wie in einem Aufprall. Von Anfang an schau ich weg.
Jetzt kannte ich ihn, er sich selbst kaum, ward blaß
und blasser, wie weg, »verging« notierte ich
auf einem späteren Blatt. Als hätt ich schon alles gesehen
und sei aus Versehen noch einmal mit Augen geboren,
hier außen zu ragen in dem gegebenen Maß.
Als hätte ich Vorsprung, nur nutzte der gar nichts,
und antwortete weder noch, schaute nur weg, nämlich
hinhaltend den Blick in Winkel der Spiegel der Blinden,
deren Gebärden mir anhängen und mich verhaften
von Anfang. Du, griff ich nach ihm,
bist von der einen Farbe des Wassers.

Brunnenstraße 14. Juni 2000

Geologisches Fenster

Im Forst hier, heißt es, ein Fenster,

die kupferfarbene Aussicht blind,

obwohl von Hephaistos getrieben

für Götter, die es noch gab

vor zweihundert Millionen Jahren.

Brunnenstraße 14. Juni 2000

Das Ende der Reise

für Jorge Luis Borges

Du sitzt, früh auf,

hebräisch: im Zwielicht der Taube,

doch scheint es, in einem Buch,

in dem du die Welt liest,

denn sonst bestünde

der Glockenschlag nicht,

den der Trinker zum Anlaß nimmt

seiner letzten Suada,

das Rappeln des Wagens

des Straßenkehrers (heut ist es nicht

Quasimodo, dein Traum

gibt ihm frei für den Sonntag).

Denn sonst bestünde

der Schritt eines Fremden nicht,

das Prasseln der Reifen

des Taxis, das einen davonträgt,

hinaus aus der Stadt.

Das Gleichmaß des Brunnens,

der fließendes Wasser nachahmt.

Sonst wären es nicht

inzwischen drei Straßenkehrer,

zwei Pärchen Tauben, die lauthals,

nun Krähe, die Elster, die Amsel.

Nicht einmal dein kalter Schwanz

und der Atem,

der leise Schmerz

des gebeugten Nackens,

nichts, gar nichts bestünde,

von draußen nach drinnen,

der Blick, wie er sich zurückzieht,

der Traum eines Mannes,

der aufgegeben hat.

Holzmarkt 3. Juli 2000

Tübingen, Juli 2000

1

Frankreich Europameister in den Gassen der Altstadt

(Seminar)

Independence Day auf der Neckarinsel (Vorlesung)

Sommerfest der Universität (Vorankündigung)

Festival Afro Brasil (Pflichtvorlesung)

Eine Serie von Filmfestspielen (Seminare)

Sommerkino im alten Schlachthaus (Ferienakademie)

Das *Special Issue* zum Thema Traum noch lieferbar

(Workshop)

2

Holunder, Haselstrauch und Erle.

Der Knöterich hängt lang herab in den trägeren Bach.

Der Birke die Hand abgestorben.

Hier ist – *Fam. Betulaceae* – Latein nicht am Ende.

Die Bisamratte mäht ordnungsgemäß Gras

und taucht mit der Ernte ab.

Ondatra zibethica.

Brunnenstraße 5. Juli 2000

Das Ach und das O

O welcher Anfang es war, Narretei,

und die ging in Barock, das war nackt.

Erst morgen verstünde, wer heut es gesehen,

ganz: Ich hab alles Maß drangegeben,

nur dich zu verstehen. Aus Liebe ward Lunte,

aus Treue der Fluch, aus Heirat das Beinhart

und Lust ach die wurde Funktion.

Holzmarkt 12. September 2000

Der Glückliche

für Marcus Hammerschmitt

Vielleicht, doch ich kann es nicht so direkt aufschreiben,

vielleicht aber kann ich es anders auch sagen.

Vielleicht ist es eine Erinnerung, die jetzt als ein Aber

den Tag überschneidet, pflügt, vielleicht ist es doch

so, wie ich erhoffte einmal, vielleicht so, jedoch

noch sitze ich, schweige und freu mich vielleicht

und fürchte, daß es zu einfach wäre, vielleicht ein Aber

zu leicht ausgesprochen, das Hauptwort Hölderlins,

das mehr Heimat war als dieser Planet, vielleicht.

Vielleicht schliefen wir in einem Sumpf, und vielleicht

war alles noch ungetrennt, muttermundwarm,

hier nicht sehr wahrscheinlich, vielleicht auch ein Irrtum,

obwohl ich es sah. Trümmer der Kindheit, vielleicht,

und aufgetaucht wider Erwarten nur durch Berührung.

Mag sein, dieser traute Sumpf ist ein ganzes Leben,

doch glaub ich es nicht, vielleicht schon verdorbener,

flüchtiger Schläfer, der ich geworden bin, vielleicht

erlosch ein Lebenslicht, ein sogenanntes, dabei.

Vielleicht lehnte ich es schon immer ab, zu flüchten
in Technik, und rannte vielleicht vor Begriffen davon,
auf Augen zu, Augen, die aus Romanen nicht blickten,
sich selbst nicht durchschauten, sonst wären sie nicht,
vielleicht wie die Spiegel, Durchgänge also, mag sein.
Doch weiß ich und lege es mir zurecht, nunmehr sicher,
dahinter sind wieder nur Spiegel, gütig erzeugte
Unendlichkeit. So ist, was ich seh, wenn ich schaue,
ganz sicher nur das, was ich wünsche, vielleicht.

Holzmarkt 13. September 2000

Kürzere Stanze

Ich hatte im Sommer versprochen,

auf dich zu zu gehen,

doch ging ich nur eifrig vorbei.

Mein Leben war Suff und war Kater,

das Auge zu selten klar.

Vorüber ist auch dieser Sommer,

wir waren beinahe ein Paar.

Brunnenstraße 15. September 2000

Ich hab es wie immer gemacht

Schnell schlug ich das Buch zu.

Ein Foto, ich hatte ein Foto gesehen.

In Wahrheit fast nichts.

Verschwommenes Bild,

schlechte Reproduktion,

und meine Flüchtigkeit.

Es erinnerte an die Broschüren

des mittleren Sozialismus.

Wegen des groben Korns.

Hier nur ein Schnappschuß,

der unbedeutender Landschaft galt.

Hätt ich genau hingeschaut,

hätt ich gefragt, ob da Birken

oder junge Pappeln standen.

Birken, ganz sicher Birken.

Sie werden bevorzugt verwendet

zu rascher Wiederaufforstung,

genügsam auf Sand, wie sie sind.

Hier wurde Radnóti erschossen,

so hieß es unter dem Bild,

hier hatte man Menschen verscharrt
am Rand der Geschichte.
Mein einziger Gedanke war
blasphemisch: Hier habe ich
die Kindheit verbracht und gespielt
auf dem und dem Massengrab.
Und immer standen da Birken,
und immer novemberkahl.
Das zwanzigste Jahrhundert, Leute,
verlass' ich auf die Art nie.

Holzmarkt 19. September 2000

Das Verlorengeglaubte

Die Suche begann in den Tiefen des Äthers,

in Tiefen wie Haut und des Holzes,

um ganz nah zu enden, hier unten

im Schlamm, den sie abtransportieren.

Mir Tier fahren sie heute den Schlamm ab.

Das Werk eines Jahres des Fließens

schaffen paar Männer in Gummistiefeln,

ein Saugstutzen eines Gefährts – hinweg.

Schlamm, meine Brüderlichkeit,

weich und im Grund – die Wahrheit,

vier Jahreszeiten alt. Dann öffnen sie wieder

das Schott vor der Stadt, die Saubermänner.

Holzmarkt 19. September 2000

Die Lieb

Und als die Lieb ins siebte Jahr gekommen,
ihr Kindlein dreifach freien Willen hatte
und dieser eine seines Vaters fast gebrochen,
die Mutter in der Psychenkapsel tauchte,
die Gründe Gründe waren, grau auf grün,
und alles hatte kommen müssen so,
da lugte ich noch einmal aus und fragte,
wie viele Tage hab ich noch für das Gedicht,
das diesem Leben einmal innewohnte?
Einen nur, und diesen, diese Stunde
der Nacht, solange die sich dehnen läßt,
und eine Frage nur, und einen Ton
und eine Sicherheit vom Ende her.

Holzmarkt 19. September 2000

53

Die Terrassen

Die Terrassen werden geschlossen,
die Saison ist vorüber heut nacht.
Noch hat das Café seine Stühle draußen,
schon sind sie glasiert
von Dunkelheit, Stille.
Statt luftiger Rede von gestern
das Fernsehgeräusch hinter Fenstern
(wenn heut auch ein fernerer Krieg
der Grund, daß alle Geräte flimmern,
Studentin, Philosoph und Drogist
sehen dasselbe Programm).
Hier draußen hat Herbst gewonnen,
drei Viertel des Lebens – Erinnerung.
Staub setzt sich von aufgeschobenen Reisen,
das Wagnis der sehr kurzen Wege
ist beinah Routine geworden.
Wer kämpft hier eigentlich so
in dieser Nähe, Blumen zum Selberpflücken,
im Buchsbaumrevier, am Mühlbach,
wer kämpft eigentlich um seiner Seel,

die Dreizehnjährigen im Zelt, mein Gott?

Die Partysaison ist vorüber, zur Nacht

– wem gilt dieses späte Glockenläuten? –

ideal wär ein russischer Ofen,

auf dem empfinge Julia.

Holzmarkt 18. Oktober 2000

Lanz Bulldog

(Modell D7506 Allzweck HN3)

Ich wußte nicht, und es sind diese Herbsttage sicher,

daß unter dem Wort ein Gerät steht.

Ich wußte nicht, und es sind diese Wege schon wieder,

daß neben dem Klang etwas aussehen kann.

Es war in der Brunnenstraße und sollte auch sein,

daß unfreiwillig der Augenwinkel

ein Leser, die Brunnenstraße ein Buch, und darin

stand dunkel auf hellerem Grau zu lesen

LANZ BULLDOG

Ein Klangstück, das nie ein Gerät war, doch stets

so reif wie ein Winterapfel nach Frost,

der Ton ohne Bild und doch Hollywood,

gesund wie der Siebenjährige im Sommer 1940.

Brunnenstraße 19. Oktober 2000

Dem Zufall

für Franz Huberth

Prächtige Zeit, die Pedanten im Regen,

still ist es in Julias Bibliothek,

und über den Wolken das Blau

ist gewiß. Wir leben in diesem Buch.

Frau Christensens ordnende Wirkung

und Hegel, man bräucht eine Konkordanz.

Die Wissenschaft Logik

im Auszug Herrn Lenins. Wo ist die Ästhetik?

Kurz Lukács (warum?) und Darwin.

Bei Bergson Essenz und auch Akzidenz

– steck ich im Lebensprozeß

oder entwickle mich selbst?

Und reden wir miteinander,

der Freund auch verzettelt,

bildschirmverpflasterte Mumien,

schon diese Sekunde danach

erneut in dem Netz,

bereit ich den Glanz eines Hymnus

vor wie die Alten, das Blech,

und das ist die Freiheit, geschrieben.

Holzmarkt 24. Oktober 2000

(030)

1
Berlin
ist meine Heimat.
Berlin

2
spie mich aus,
Berlin,
mein liebstes Klischee.

3
Berlin,
soweit also dazu,
Berlin,

4
in diesem Rhythmus.
Berlin
hieß mein Faltboot,

5

Berlin,

ich habe keins.

Berlin

6

war niemals koscher.

Berlin,

die Besserwisserin ist

7

– Berlin –

eine sentimentale Braut.

Berlin.

8

Machen Streß, die

Berliner,

haben auch welchen.

9

Berlin

hält was aus,

Berlin

10

singt sich heiser

»Berlin«

ins eigene Ohr.

11

Berlin,

Türken und Russen

(Berlin!)

12

verkaufen die echten

Berlin-

Souvenirs, Stückchen Mauer.

13

Berlin

säuft wie Dublin,

Berlin

14

war mal Spree-Athen,

Berlin

liegt am East River.

15

Berlins

Flüsse sind träge,

– Berlin

16

ist ein Faltboot.

Berlin =

Dahme, Havel, Spree.

17

Berlin:

Aufgang und Abgang.

Berlin –

18

ein Regenschirm, Modell

Berlin,

der manchmal funktioniert.

19

Berlin

liegt im Flachland,

Berlin,

20

Tischlers Tochter, und

Berlins

Busenwunder im Fenster.

21

Berlin,

sag ich manchmal,

Berlin,

22

diese räudige Katze,

Berlin

hat genug Leben,

23

Berlin

übersteht sich selber,

Berlin,

24

janz weit drinnen,

Berlin,

seine jüdischen Gräber,

25

Berlin

und sein Landwehrkanal,

Berlin,

26

an Schinkel gepinkelt,

Berlin,

Heine, die Damens,

27

Berlin

hat zwei Ohren,

Berlin

28

schaltet auf Durchzug.

Berlin,

voller nölender Bälger,

29

Berlin,

Kleinbürgermädchen auf Punk.

Berlin,

30

wenn ich anbeiß,

Berlin,

auf deinen Wurm.

Holzmarkt 22. November 2000

Sieben Arten, den Mund zu schürzen

für K.

Als pfiffe sie,

    doch pfeift sie gar nicht drauf.

Als würde sie mißbilligen,

    doch denkt sie gar nicht dran.

Als fände sie was sehr verächtlich,

    doch widerstrebt dies ihrer Art.

Als wäre sie allein,

    doch bin ich da zu meinem Glück.

Als ahmte sie die Alte gegenüber nach,

    was ihr zu gut gelingt.

Als leckte sie sich gleich die Lippe,

    doch ist sie reglos konzentriert.

Als ginge mich das gar nichts an,

    ihr dies Geheimnis auch zu hüten.

Brunnenstraße 7. Dezember 2000

Der Essigbaum

für Peter Schneider

Wahrscheinlich wars langer Weile geschuldet, daß ich ihn

wahrnahm.

Wir warteten wieder einmal – Bahnhof Schönhauser Allee –

auf einen Zug am Nordring, an dessen verbliebener Hälfte.

S-Bahn in Rostrot und Gelb, zischend kam sie zum Stehn,

setzte ich mich an das Fenster, um aus der Nähe zu schauen:

trieb doch dort einer aus sich, aus einem dürren Nichts

tatsächlich richtige Blätter. Ich fragte, was das sei, den Vater:

'n Essigbaum, und der treibt Zweige und Blätter neu.

Ich darauf: An dieser Stelle kann er doch nicht überleben!

Siehste doch, dieser Kerl ist so bescheiden, es geht.

Licht gab es keins da, jedenfalls nicht zu gewöhnlichen Zeiten,

die wir hier warteten, ich neuerdings fasziniert

von diesem Kerl, besser -chen, der sich wacker das Leben

ertrotzte.

Sein zarter Stamm lehnte fast an der Stromschiene vorn,

hinter ihm ragte und lud jedesmal zum kindlichen Tagtraum

eine düstere Stützmauer, zu Bögen gewölbt.

Dort, wo die Bögen sich voneinander trennten, ein Luftloch,

sagte jedenfalls ich, je als kleineres Kreuz,

ausgespart für nicht erkennbaren Zweck, wozu

die Belüftung?

Einfach zur Zierde vielleicht. So hat das Kind nicht

gedacht.

Seine Vision galt den Kellern dort, wo seit Kriegsende

Gras wuchs,

und es sprach neuerdings mit seinem Freunde, dem Baum,

der keiner werden konnte, weil alle S-Bahnen täglich

in dem Minutentakt mit ihrem Fahrtwind an ihm

zerrten und es alle Kraft galt, die Blätter zu halten, sonst

gar nichts.

Leise, versteht sich, sprach ich mit dem beinahe Baum.

Er war mein Vorbild, auch wenn ich seinen Namen nie

nannte.

Selten, doch wenn ich dorthin gehe und nach ihm schau,

ist es ein Spiel, die Augen verbunden, mit Schwindelgefühlen,

obwohl ich die Regeln weiß, weil ich erwachsen bin.

Holzmarkt 14. Dezember 2000

Der schöne Dezember 2000
(frei nach Dante)

auf 1 oder 2 oder 3 Herren,
die wissen, daß sie gemeint sind

Einmal ein Gedicht zu schreiben,

darin meine Hände in Wasser steckten,

das, kurz vor dem Gefrieren,

die Konsistenz schon änderte,

ein wenig wie Eismehl, du weißt?

Die Unterarme und Hände dennoch

ganz warm, richtig prickelnd,

die Muskelfasern für einen, der zusäh,

gespannt wie bei einem, der zupackt.

Was täten sie dort, wirst du fragen,

die Hände unter der Oberfläche

in einem so kalten Wasser,

und eine gewisse Zeit lang?

Sie hielten ein oder zwei Herren,

zum Beispiel, so lange unten,

bis diese nicht nur keinen Hauch mehr

in sich hätten, hin wären, tot,

sie sorgten zugleich auch dafür

mit einiger Kunstfertigkeit,

daß diese gewissen, wohl feisten

zwei oder auch drei Herren

(ein Kinderspiel für mich)

die Köpfe zusammensteckten

und nicht nur einer des andern

unangenehmes Nahesein spürte

im Todeskampf, der sie schüttelte,

nein, daß sie gegenseitig obendrein

sich in ihre Schädel verbissen.

Ich würde das so arrangieren.

Hernach, während die Temperatur

auf weit genug unter Gefrierpunkt

gesenkt und gehalten würde,

zög ich die so verkeilten Köpfe

halb aus dem Wasser heraus,

um dieses Vermögen der Poesie

geneigten Betrachtern

in meinem Museum zu zeigen.

Brunnenstraße 18.–19. Dezember 2000

Fragwürdige Erklärung

wieder für K.

Zu gern wäre ich, der ich nicht bin,
zu gern wäre ich die Persönlichkeit
(zum Kern wendet sie das Gesicht hin),
zu fern bin ich noch dieser Helligkeit.

Sie lauschte tagtäglich dem Klang,
sie lauschte nur deiner Stimme,
nie brauchte sie je hinaus diesen Gang,
sie brauchte nicht ferneren Himmel.

Wär ich, der ich nicht bin, nur einer
für dich und dies lautere Leben,
nicht Pflichten verhaftet, und keiner,
der Lichtungen sucht und zu wählen,

wär fertig, nicht Lehrling. Nein, leider.
Erklärt ist noch lang nicht ergeben.

Holzmarkt 10. Januar 2001

Das unverständliche Gedicht

Ich muß jetzt doch das unverständliche Gedicht
aufschreiben, denn schon viel zu viele Vorgänger
des einen unverständlichen Gedichtes wurden
als solches angesprochen, yes!

Es selbst führt, wenn auch Teil von mir, sein Eigenleben.
Es selbst bestimmt, was ich der Mitwelt als von mir
bestimmt verkaufe, doch ist damit beinah nichts
gesagt. Mehr sag ich, hoff ich, jetzt.

Sein Kommen angekündigt hatte A., die kleine
Mitschülerin, der ich zwei lange Jahre haltlos
verfallen war in einem Maß, von dem kein andrer
'ne Ahnung hatte. Ich war schüchtern.

Sie selbst, kann sein, wußte aus meinem Nuscheln mehr,
nur langte es nicht mal zu einem kurzen Kuß,
noch nicht einmal, als wir gemeinsam Schule schwänzten
(ein Tag mit Glücksstern).

Ich bitte, hier noch nicht zu fragen. Das unverständ-
liche Gedicht war nicht an einem Tag gedichtet,
genaugenommen nie. Man seh mir nach, wenn hier
ein Bild halb paßt: Geburt –

das unverständliche Gedicht war einfach da.
Es war so schwarz wie die zum Glück vergeßnen Träume.
Es kam aus Tiefe und aus Nichts und schrie sein »Ich«!
Ich, sprachlos, habe nur gespurt.

Ich dachte nicht. Zu atmen, herzuhalten reichte.
Ich folgte, Nacht um Nacht, so wie ein Masochist
der oder dem Vergötterten. Ich staunte an
und tat am Tag darauf normal.

Die lächerliche Macht hat es manchmal zensiert,
manch einer sprach es heimlich mit und ahnte nicht,
daß solches sich nur selbst aussprechen kann aus uns.
(Male, Nikala, mal!)

Verstanden wird naturgemäß – und wurde – nie.
Der Singsang geht so fort, wenn einmal angefangen,
Verhältnisse sind ihm egal, man frage mich,
nicht das Gedicht nach Börsenkursen.

Die Verse sprießen, ob geackert wird, ob nicht,

sie feiern Fortschritt oder Weltenuntergang

am liebsten ganz, Grabrede oder Hochzeitssegen,

abstrus am Busen des Absurden.

Läßt sich das nicht auch anders sagen, fragt die Gretel,

ein Hans findet es abgedroschen, hergebracht,

sitzt fickerig auf seinem eignen Verse-Nest,

was nur verständlich ist.

Es hilft mir nicht und auch nicht dir, mein blasser Freund,

was wir hier treiben, ist das ältere Gewerbe.

Nur Mund sind wir und gehen wieder auf und sagen,

was unverständlich ist.

Holzmarkt, 18. Januar 2001

Inhalt